BEI GRIN MACHT SICH IHR WISSEN BEZAHLT

Makro- und Mesozyklus für ein Krafttraining. Reduktion des Körperfetts und Definition der Muskeln

Nadine Papenhagen

Bibliografische Information der Deutschen Nationalbibliothek:

Die Deutsche Nationalbibliothek verzeichnet diese Publikation in der Deutschen Nationalbibliografie; detaillierte bibliografische Daten sind im Internet über http://dnb.d-nb.de abrufbar.

ISBN: 9783346465146
Dieses Buch ist auch als E-Book erhältlich.

Deutsche Hochschule für

Prävention und Gesundheitsmanagement

Hermann Neuberger Sportschule 3

66123 Saarbrücken

Einsendeaufgabe

Fachmodul: Trainingslehre I

Studiengang: Bachelor of Arts Fitnessökonomie

Datum

Präsenzphase: 17.08.2020 – 20.08.2020

Name, Vorname: Papenhagen, Nadine

Studienort: **Düsseldorf**

Semester: **Sommersemester 2020**

Inhaltsverzeichnis

1 Diagnose

1.1 Allgemeine und biometrische Daten

Bei einer ausführlichen Anamnese wurden die wichtigsten allgemeinen Daten der Probandin erhoben und in der folgenden Tabelle festgehalten.

Tabelle 1: Daten der Person

Datenparameter:	Daten der Person:	Bewertung:
Alter (in Jahren):	23	
Geschlecht:	Weiblich	
Körpergröße (in cm):	191	
Körpergewicht (in kg):	83	
Body-Mass-Indes:	22,8	Normalgewicht
Normwerte BM:	Kritisches Untergewicht: <17,5 Untergewicht: 17,5 – 19 Normalgewicht: 19 – 25 Leichtes Übergewicht: 25 – 30 Übergewicht: >30	
Trainingsmotive:	Speck abbauen und Definition	
Berufliche Tätigkeit:	Studentin (größtenteils sitzende Tätigkeit)	
Aktuelle sportliche Tätigkeit:	2x pro Woche, 1 Std. Fitness- und Krafttraining, Leistungslevel Beginner seit ½ Jahr	
Frühere sportliche Tätigkeit:	Handballtraining (3x pro Woche 1 ½ Stunden) bis Fortgeschrittenes Leistungslevel bis vor 6 Jahren	
Zeitlicher Verfügungsrahmen:	Bis zu 4x pro Woche ca. 1 ½ Stunden	

Damit ein optimaler Trainingsplan für die Probandin erstellt werden kann, sind zusätzlich zu den allgemeinen Daten auch die biometrischen Daten zu erfassen. Um diese so genau wie möglich darstellen zu können, wurden verschiedene Eingangstests durchgeführt, welche im Folgenden tabellarisch festgehalten wurden.

Tabelle 2: Biometrische Daten der Person

Eingangstest	Gemessene Werte der Person:	Normwerte	Bewertung
Ruhepuls (gemessen mithilfe eines elektronischen Pulsmessgerätes	79 Schläge/Min.	60-80 Schläge/Min. (laut WHO)	Der gemessene Ruhepuls liegt laut der WHO noch in der Norm, allerdings an der oberen Grenze
Blutdruck (gemessen mithilfe eines Blutdruckmessgerätes)	118/79	Optimal: >120/>80 Normal: >130/>85 Hochnormal: 85 - 89	Der gemessene Blutdruck der Person liegt innerhalb der Normwerte und gehört somit in die Bewertungsstufe des normalen Blutdrucks
Körperfettanteil in % (gemessen mithilfe eines Infrarotlichtmessgerätes)	26	Männer: Gut: 15 -25 Frauen: Gut: 20 – 30	Der gemessene Körperfettanteil liegt im Normalbereich. Ziel ist jedoch ein Körpeerfettanteil von 22%

Zusätzlich zu den allgemeinen Daten und den biometrischen Daten sollte der allgemeine Gesundheitszustand der Testperson erfragt werden um der Person möglichst nicht noch schlimmere Schmerzen zuzufügen und präventiv gegen die eventuellen Schmerzen vorzugehen. Folglich wir der allgemeine Gesundheitszustand der Testperson in einer Tabelle dargestellt.

Tabelle 3: Allgemeiner Gesundheitszustand

Datenparameter:	Daten der Person:	Bewertung:
Orthopädische Probleme:	Keine Probleme	Volle Belastbarkeit
Internistische Probleme:	Keine Probleme	Volle Belastbarkeit
Ärztliche Probleme:	Keine Probleme	Volle Belastbarkeit
Medikamente:	Keine Probleme	Volle Belastbarkeit
Sonstige gesundheitliche Einschränkungen:	Keine Probleme	Volle Belastbarkeit

1.2 Krafttestung

1.2.1 Erläuterung des Mehrwiderholungskrafttests (X-RM-Test)

Der Mehrwiederholungskrafttest dient dazu, das maximale Gewicht bei einer zuvor festgelegten Wiederholungsanzahl X zu ermitteln. Dabei möchte man herausfinden, bei welchem Gewicht die Probandin die zuvor festgelegte Anzahl an Wiederholungen, ohne Hilfe und ordentlich ausführen kann.

1.2.2 Begründung der Auswahl des Testverfahrens im Hinblick auf den aktuellen Leistungsstand der Probandin

Die Probandin ist nach der ILB-Methode dem Leistungslevel Beginner einzustufen, da sie seit einem halben Jahr Kraft- bzw. Fitnesssport bettreibt, wodurch sie ein geringes aber vorhandenes Vorwissen in Bezug auf die Geräte hat. Aufgrund dessen eignet sich der X-RM-Test für die Testperson. Der Mehrwiederholungskrafttest eignet sich zudem für Anfänger, da er gelenkschonender und geringer belastend, sowohl mechanisch als auch psychisch, ist im vergleich zum 1-RM-Test, und somit das Verletzungsrisiko geringhält. Zudem sind die methodischen Ansätze des X-RM-Tests praktisch besser anwendbar, da später mit der beliebig getesteten Wiederholungsanzahl trainiert wird.

1.2.3 Detaillierter Testablauf

Bei dem Mehrweiderholungskrafttest (X-RM-Test) werden zu Anfang vom Trainer die Übungen, in denen der Test stattfinden soll, ausgesucht. Je nach Probanden wählt man eine bestimmte Anzahl an Übungen aus. Bei dieser Testperson wurde die Anzahl an Testübungen auf 6 beschränkt, sodass jeder Muskelgruppe ein bis 2 Übungen zuggeordnet werden können. Anschließend werden, aufgrund der zuvor vom Kunden geäußerten Wünsche, die Trainingsziele, wie Kraftausdauer, Muskelaufbau oder Maximalkraft, der Kunden inklusive der entsprechenden Wiederholungszahlen vom Trainer formuliert. In diesem Fall handelt es sich um das Ziel Kraftausdauer. Nun wärmt sich der Kunde allgemein für ungefähr 10 bis 15 Minuten auf einem Cardiogerät, vorzugsweise auf einem Gerät wo alle Muskelgruppen beansprucht werden, wie zB. dem Laufband, auf. Im Anschluss wärmt sich der Kunde speziell an den jeweiligen Geräten auf. Bei dem speziellen Aufwärmen wird der erste Satz mit 8 Wiederholungen und 50% des bisherigen Arbeitsgewichtes, der zweite mit 3 Wiederholungen und 70% des Arbeitsgewichtes und der dritte und letzte Aufwärmsatz mit 80% des Arbeitsgewichtes ausgeführt. Die Time-under-Tension (Bewegungstempo) beträgt bei allen Sätzen 2-0-2, da hier auf einem Kraftausdauerlevel getestet wird.

1.2.4 Testergebnisse

Tabelle 4: Mehrwiederholungskrafttest (X-RM-Test)

Testübungen	Wdh.	1. Testsatz	2. Testsatz	3. Testsatz	Ergebnis
Beinpresse	20	30 kg	35 kg	40 kg	40 kg
Rudern am Gerät	20	15 kg	20 kg	25 kg	25 kg
Brustpresse	20	10 kg	15 kg	-	15 kg
Reverse Butterfly	20	10 kg	-	-	10 kg
Rückenstrecker am Gerät	20	25 kg	30 kg	35 kg	35 kg
Bauchpresse am Gerät	20	20 kg	25 kg	-	25 kg

Die konkreten Schlussfolgerungen und die Konsequenzen, welche sich für die weitere Trainingssteuerung und die Trainingsplanung aus den zuvor erhobenen Testergebnissen entnehmen lassen, werden in der folgenden Tabelle aufgeführt.

Tabelle 5: Schlussfolgerung und Konsequenzen aus den Testergebnissen

Schlussfolgerungen	Der X-RM-Test eignet sich nicht zum Vergleichen von Norm- und/oder Referenzwerten, da die Anzahl an allgemeinen Kraftübungen, in denen der Test durchgeführt werden könnte, zu hoch ist. Des Weiteren haben viele verschiedene Faktoren einen Einfluss auf das Ergebnis des Mehrwiederholungskrafttests. Somit spielen die Tagesform, der Zeitpunkt des Tests, das Wohlbefinden, und die Ernährung eine große Rolle. Werden diese Faktoren jedoch berücksichtigt und der Test möglichst zu den gleichen Bedingungen gestartet, so kann man die Ergebnisse als eine individuelle Leistungsentwicklung dokumentieren.
Konsequenzen	Mithilfe des Mehrwiederholungskrafttests (X-RM-Test) wird das Trainingsgewicht für die verschiedenen Kraftübungen des Mesozyklus errechnet. Anhand des Grobrasters der ILB-Methode kann nun der Prozentsatz ausgerechnet werden, mit welchem die Testperson im Mesozyklus optimalerweise trainieren soll. Durch das individuelle optimale Trainingsgewicht werden die Muskeln des Kunden weder ober- noch unterbelastet wodurch man einen übe- bzw. unterschwelligen Reiz verhindern kann. Ebenfalls werden durch das Training mit dem optimalen Gewicht neue Trainingsreize gesetzt, welche sich, in Form von einer progressiven Belastungssteigerung, positiv auf die Leistungsfähigkeit der Probandin auswirken.

2 Zielsetzung/Prognose

Anhand der geäußerten Wünsche während der Anamnese, wurden folglich die spezifischen Ziele verfasst, welche in der unten stehenden Tabelle erläutert werden.#

Tabelle 6: Zielsetzung

	Inhalt	Ausmaß	Zeit
Ziel 1	Körperfettanteil reduzieren	<26%	6 Monate
Ziel 2	Muskelmasse erhöhen	>26%	6 Monate
Ziel 3	Ruhepulssenkung	9 Schläge/Minute	18 Wochen
Begründung			
Der primäre Wunsch der Probandin ist die Reduzierung des Körperfettanteils (Ausgangswert der Testperson: 26%) und die Definition der Muskeln. Dies geling am besten wenn man die Reduzierung des Körperfettanteils (um 4%) und den Aufbau der Muskelmasse (>26%) kombiniert, was zum einen zu einer Gewichtszunahme führt, da die Muskeln schwerer sind als das Fett, zum anderen aber auch zu einem definierten Körper, da das Körperfett die Muskeln nicht mehr bedeckt. Das Ziel der Ruhepulssenkung wird innerhalb kürzerer Zeit (18 Wochen) absolviert und beschränkt sich auf einen Ramen von 9 Schlägen pro Minute, sodass der Ruhepuls von den ursprünglichen 79 Schlägen pro Minute auf 70 Schläge pro Minute gesenkt wird. Somit liegt die Probandin nach 18 Wochen im Mittelfeld der Norm für einen guten Ruhepuls.			

3 Trainingsplanung Makrozyklus

Die langfristige Trainingsplanung, auch Makrozyklus genannt, für das Krafttraining der Probandin ist in der nachfolgenden Tabelle zu entnehmen. Zum besseren Verständnis steht GK für Ganzköper, TuT für Time-under-Tension, also das Bewegungstempo und Sek für Sekunden.

Tabelle 7: Makrozyklus

	Mesozyklus I	Mesozyklus II	Mesozyklus III	Mesozyklus IV
Dauer (in Wochen):	6	6	6	8
Trainingsziel:	Kraftausdauer	Übergangsphase	Hypertrophie (extensiv)	Hypertrophie (intensiv)
Einheiten/Woche:	2	2	2	2
Organisationsform:	GK/Station	GK/Station	GK/Station	GK/Station

Übungen/Muskelgruppe:	1 – 2	1 – 2	1 – 2	1 – 2
Sätze/Übung:	3	3	3	3
Satzpausen:	60 Sekunden	60 Sekunden	60 Sekunden	60 Sekunden
Wiederholungen/Satz	20	15	10	8
Intensität:	50 – 70%	50 – 70%	50 – 70%	50 – 70%
TUT/Wdh.:	2-0-2 = 4 Sek.	2-0-2 = 4 Sek.	3-0-1 = 4 Sek.	3-0-1 = 4 Sek.
TUT/Satz	80 Sekunden	60 Sekunden	40 Sekunden	32 Sekunden

Zur Begründung der Trainingsmethoden, der Belastungsparameter, der Organisations-
form und der Periodisierung auf die zeitliche Abfolge des Trainingsplans dient die
folgende tabellarische Darstellung. Die Belastungsparameter richten sich nach der
ILB-Methode (Haupert, M., 2007).

Tabelle 8: Detaillierte Begründung des Makrozyklus

Trainingsmethode	Bei der Planung des Makrozyklus wurde die Individu-elle-Leistungsbild-Methode (ILB-Methode) als Trainingsmethode verwendet, da sie eine individuell auf den Kunden abgestimmte Gewichtsbestimmung zulässt, welche sich auf die genaue Intensität bezieht und dadurch bei allen Leistungsstufen anwendbar. Der zuvor durchgeführte X-RM-Test gilt nun als Referenz um die optimale Trainingsintensität zu errechnen (Eifler, 2013). Da die Probandin weder orthopädisch noch internistisch eingeschränkt ist, konnte der X-RM-Test ohne Probleme durchgeführt werden. Die aus dem Test resultierenden Ergebnisse dienen somit als Grundlage zur Trainingsplanung (100%) und es kann nun, anhand des Grobrasters der ILB-Methode, das optimale Trainingsgewicht des bestimmten Mesozyklus bestimmt werden. In diesem Fall beträgt das optimale Trainingsgewicht 50-70% des im X-RM-Test erhobenen Gewichts. Dazu ist anzumerken, dass der X-RM-Test vor jedem neu beginnenden Mesozyklus wiederholt werden muss, da sich das Belastungsempfinden der Probandin im Laufe der Zeit ändert
Belastungsparameter	Häufigkeit/Woche: Die Belastungshäufigkeit ist ein wichtiger Faktor den man nicht unterschätzen sollte, da es wichtig ist die richtige Balance zwischen Belastung und Erholung der Muskeln zu finden. In Anbetracht dessen, dass sich die Probandin auf der Beginner-Leistungsstufe befindet (laut ILB-Methode 1,5 – 6

	Monate Trainingszeitraum), kann ihr eine Trainings-häufigkeit von zwei Trainingseinheiten pro Woche zu-geordnet werden.
	Übungen/Muskel: Die Anzahl der Übungen pro Mus-kelgruppe werden hierbei auf ein bis zwei beschränkt, da es bei einem Ganzkörpertraining zwar wichtig ist, jede Muskelgruppe mit einer Übung einzubeziehen, der Muskel jedoch auch nicht überreizt erden soll. Je nach Wunsch des Kunden können natürlich be-stimmte Muskeln oder Muskelgruppen zusätzlich iso-liert trainiert oder auch weggelassen werden.
	Sätze/Übung: Hier wurden drei Sätze pro Übung vor-geschrieben, damit eine Ermüdung der Muskeln er-zielt werden kann.
	Bewegungstempo: Das Bewegungstempo, auch Time-under-Tension genannt, kann in drei unter-schiedliche Phasen unterteilt werden. Die konzentri-sche Phase (überwindende Phase), die statische Phase (haltende Phase) und die exzentrische Phase (nachgebende Phase). Man kann sich beim Krafttrai-ning nach der Wiederholungszahl oder dem Bewe-gungstempo richten. Sinnvoller ist es sich nach dem Bewegungstempo zu richten, da man so die musku-läre Anspannungszeit mitberücksichtigt. Beim Kraft-ausdauertraining beträgt die Time-under-Tension zwei bis zwölf Sekunden pro Wiederholung. (Adami, Eichmann, Gießing, 2011)
	Intensität: Die Intensität richtet sich nach dem Grob-raster der ILB-Methode und wird prozentual von der Maximalkraft angegeben. In der Leistungsstufe Be-ginner beträgt die Intensität 50-70% der Maximalkraft. Wichtig ist es jedoch die Maximalkraft nach jedem Mesozyklus zu erhöhen und einen neuen X-RM-Test zu machen.
Organisationsform	Bezüglich der Organisationsform wurde sich für ein Ganzkörpertraining in Form von Stationstraining ent-schieden. Beim Stationstraining werden alle Sätze ei-ner Übung nacheinander absolviert, was den Vorteil birgt, dass zuerst eine extreme Muskelermüdung, später dann ein Muskelwachstum erzielt wird. Das Muskelwachstum dient dazu den Körper zu definie-ren, was ein Wunsch der Probandin ist.
Periodisierung auf die zeitliche Abfolge	Alle gewählten Mesozyklen haben eine Dauer von 6 Wochen, besitzen jedoch verschiedene Schwer-punkte und Zielsetzungen. Dies dient dem Erreichen der optimalen Leistungsfähigkeit und dem bestmögli-chen Verhältnis von Belastung und Erholung. Bei der Trainingsplanung ist zu beachten, dass die Motivation der Testperson während des gesamten Makrozyklus

erhalten bleibt, indem man die Ziele systematisch und
realistisch setzt damit die Trainingsfortschritte für die
Probandin bemerkbar sind.

4 Trainingsplanung Mesozyklus

Jeder Makrozyklus besteht aus mehreren Mesozyklen in welchen der Trainingsplan detailliert für den Kunden veranschaulicht wird. Dabei ist zu beachten, dass die Dauer eines Mesozyklus beliebig, nach dem Trainingslevel des Kunden, gestaltet werden kann. Folglich wird der erste Mesozyklus des Makrozyklus aus Tab. 8 detailliert dargestellt.

Tabelle 9: Mesozyklus I

Mesozyklus:	1	Trainingsziel:	Kraftausdauer
Einheiten/Woche:	2	Organisations-form:	GK/Station
Übungen/Muskelgruppe:	1-2	Sätze/Übung	3
Bewegungstempo:	2-0-2 = 4 Sek.	Satzpausen:	60 Sekunden

Übungen	Tester-gebnis 20-RM-Test	Woche 1	Woche 2	Woche 3	Woche 4	Woche 5	Woche 6
		50%	50%	55%	60%	65%	70%
Beinpresse	40kg	20kg	20kg	22kg	24kg	26kg	28kg
Rudern am Gerät	25kg	12,5kg	12,5kg	13,75kg	15kg	16,25kg	17,5kg
Brutpresse	15kg	7,5kg	7,5kg	8,25kg	9kg	9,75kg	10,5kg
Reverse Butterfly	10kg	5kg	5kg	5,5kg	6kg	6,5kg	7kg
Rückenstrecker am Gerät	35kg	17,5kg	17,5kg	19,25kg	21kg	22,75kg	24,5kg
Bauchpresse am Gerät	25kg	12,5kg	12,5kg	13,75kg	15kg	16,25kg	17,5kg

Die Auswahl der Übungen und das Trainingsziel des Mesozyklus wurden mit Bedacht ausgewählt und werden folglich erläutert.

Im ersten Mesozyklus des erstellten Makrozyklus wird das Trainingsziel der Kraftausdauer verfolgt. Dieses Trainingsziel wurde gewählt, da es sich bei der Probandin um eine Anfängerin handelt, welche erst seit einem halben Jahr den Fitnesssport betreibt und ihren Körper vorerst an die Bewegungen und die Lasten gewöhnen muss. Diesbezüglich wurde auch das Ganzkörpertraining mit 20 Wiederholungen pro Satz an den geführten Geräten gewählt, um ein falsches Ausführen der Übungen und damit zusammenhängende Verletzungen möglichst zu vermeiden. Dadurch, dass das Training an den geführten Geräten durchgeführt wird, wurden größtenteils eingelenkige Übungen in den Mesozyklus aufgenommen, wobei die Beinpresse und das Rudern am Gerät de Ausnahme darstellen.

Im Folgenden werden die Übungen des Mesozyklus, inklusive deren Bewegungsrichtung(en) und denn daran beteiligten Muskeln, tabellarisch aufgeführt.

Tabelle 10: Hauptbeteiligte Muskeln der Übungen und die jeweilige Bewegungsrichtung

Übung	Bewegungsrichtung	Hauptbeteiligte Muskeln
Beinpresse	1. Extension (Hüftgelenk) 2. Extension (Kniegelenk) 3. geringe Plantarflexion (Oberes Sprunggelenk)	1. glutaeus maximus, biceps femoris (captum longum), semitendinosus, semimembranosus 2. quadriceps femoris, tensor fasciae latae 3. gastrocnemius, solus, peroneus longus, peroneus brevis, tibialis posterior, flexor digitorum longus, flexor hallucis longus
Rudern am Gerät	1. Retraktion (Schultergürtel) 2. Retroversion (Schultergelenk) 3. Flexion (Ellenbogengelenk)	1. trapezius pars ascendens, levator scapulae 2. deltoideus pars spinata, triceps brachii (captum longum), latissimus dorsi 3. biceps, brachii, brachialis, brachioradialis
Brustpresse	1. Anteversion und Adduktion (Schultergelenk) 2. Extension (Ellenbogengelenk)	1. deltoideus pars clavicularis, biceps brachii, coracobrachialis, pectoralis major 2. triceps brachii, anconeus
Reverse Butterfly	1. Außenrotation (Schultergelenk) 2. Retraktion (Schultergürtel)	1. supraspinatus, infraspinatus, teres major, deltoideus pars spinata 2. trapezius pars transversa, rhomboideus minor & major
Rückenstrecker am Gerät	1. Extension (Rumpfwirbelsäule)	1. Mm. erector spinae
Bauchpresse am Gerät	1. Flexion (Rumpfwirbelsäule)	1. rectus abdominis, obliquus externis abdominis, obliquus abdominis
Individueller Nutzen für die Probandin		

Dadurch dass die Probandin als Studentin eine größtenteils sitzende Tätigkeit ausübt und dadurch keine optimale Haltung hat, helfen ihr sowohl der Rückenstrecker und der Reverse Butterfly als auch die Bauchpresse dabei die Rumpfmuskulatur zu stärken und ihre Haltung zu verbessern. Ebenfalls werden durch die Rückenübungen und die Brustpresse die Muskulatur des Schultergürtels und des Schultergelenks gestärkt, was beim Tragen von schweren Taschen oder Rucksäcken von Vorteil ist und Verletzungen vorbeugt. Auch wenn in de Trainingsplan nicht isoliert auf die Armmuskulatur eingegangen wird, trainiert die Probandin sie jedoch während des Ruderns und während der Brustpresse mit.

5 Literaturrecherche

Tabelle 11: Vergleich zweier Studien zum Thema Rückenbeschwerden (Eigene Darstellung)

	Studie 1	Studie 2
Wer hat die Studie durchgeführt?	G. Müller, M. Pfinder, L. Lyssenko, M. Giurgiu, M. Clement, A. Kaiserauer, M. Heinzel-Gutenbrunner, K. Bös & T.Kohlmann	A. Stephan, S. Goebel, D. Schmidtbleicher
Publikationsjahr	2019	2011
Forschungsfrage	Welche Bedeutung haben Trainingsumfang, muskuläre Leistungssteigerung, Alter und Geschlecht für die Wirksamkeit eines multimodalen Rückentrainings	Welche Effekte hat maschinengestützes Krafttraining bei der Behandlung von chronischen Rückenschmerzen?
Versuchsperson	1396 Personen, Durchschnittsalter 46,9 Jahre, 65% Frauen mit Rückenbeschwerden	– Zwei Gruppen, die Trainingsgruppe und die Kontrollgruppe, die jeweils aus 18.000 Personenausgelost wurden – Teilnahmevoraussetzungen: Seit mindestens 12 Monaten Rückenschmerzen, Chronifizierungsgrad eins oder zwei, und Beführung zum selbstständigen Ausführen von Krafttraining – Trainingsgruppe bestand aus 58 Teilnehmern (29 Männer du 29 Frauen) mit einem Durchschnittsalter von 44,37 Jahren. – ein Drittel der Trainingsgruppe ist sportlich aktiv inkl., Erfahrung im Krafttraining. Über 90% haben Beschwerden im LWS – Kontrollgruppe besteht aus 16 Personen. (60 % sind männlich, 40% sind weiblich) und weist identische Merkmale auf
Versuchsaufbau	– Zu Beginn der Studie und nach 6, 12, 18 und 24 Monaten wurden Rückenbeschwerden und physische Leistungsfähigkeit in Kraft, Mobilität und bilateralen Kraftverhältnissen der wirbelsäulenstabilisierenden Muskulatur gemessen. – Testpersonen trainierten im Durchschnitt 41,0 Trainingseinheiten à 60min	– 6 Monate lang mit 6 Trainingseinheiten á 60 Minuten – Trainingsgruppe absolvierte ein Krafttraining mit Fokus auf den Muskelaufbau an Geräten mit variablem Widerstand – Ziel: Funktions- und Strukturverbesserung der Muskulatur, vor allem des Rumpfes – Bestandteil des Trainings war eine Lumbalextension mit stabilisiertem Becken – bei dein ersten drei Trainingseinheiten erfolgte

13/16

		eine Einweisung durch professionelle Trainer und jede zehnte und 20. Trainingseinheit erfolgte eine erneute Kontrolle – Grad an Rückenschmerzen und die Beeinträchtigung durch die Rückenschmerzen wurde anhand einer Skala bestimmt – lumbale Extensionskraft wurde anhand des Gerätes MedX Lumbar Extension in sieben verschiedenen Winkelpositionen getestet.
Ergebnisse	– Steigerung im Vergleich zu den alters- und geschlechtsspezifischen Referenzwerten von Menschen ohne Rückenbeschwerden in der Kraft um 28,1%-Punkte, in der Mobilität um 14,7%-Punkte und im Kraftverhältnis um 6,5-Punkte. Die Rückenbeschwerden reduzierten sich um 37,5%. – Rückgang der Rückenbeschwerden um 70% durch den Trainingsumfang und zu 30% durch die physischen Leistungssteigerungen erklärt	– Trainingsgruppe: nach 6 Monaten waren 20 Proband*innen schmerzfrei, die zuvor leichte bis starke Schmerzen hatten – Kontrollgruppe: nach 6 Monaten waren 6 Proband*innen
Schlussfolgerung	– Physische Leistungssteigerungen wirken sich positiv auf die Reduzierung der Rückenbeschwerden aus. – Anzahl der Trainingseinheiten ist für den Rückgang der Rückenbeschwerden jedoch von deutlich höherer Relevanz.	– sechsmal Ganzkörpertraining im Monat reicht lediglich nur bei Rückenbeschwerden im Anfangsstadium – sehr geringer Zeitaufwand um Ziele zu erreichen (3 Stunden Krafttraining pro Monat)
Quellenangabe Literaturverzeichnis	Müller, G., Pfinder, M., Lyssenko, L. et al. Welche Bedeutung haben psychische Leistungssteigerungen, Alter, Geschlecht und Trainingsumfang für die Wirksamkeit eines Rückentrainings?. *Schmerz, 33,* 139-146 (2019). http://doi.org/10.1007/s00482-01-0353-z	Stephan, A., Goebel, S. & Schmidtbleicher, D. (2011). Effekte maschinengestützten Krafttrainings in der Behandlung chronischen Rückenschmerzes. *Deutsche Zeitschrift für Sportmedizin*, 62(3), 69-74. https://www.germanjournalsports-medicine.com/articles-online/archive-2011/heft-3/effekte-maschinengestuetzten-krafttrainings-in-der-behandlung-chronischen-rueckenschmerzes/

6   Literaturverzeichnis

Adami, R., Eichmann, B. & Gießing, J., (2011). Bewegungsgeschwindigkeiten und Time under Tension beim Einsatz- und Mehrsatztraining. *Leistungssport*, 6, 26-28.

Bompa, T. O. & Carrera, M. C. (2005). Periodization training for sports. Science-based strength and conditioning plans for 20 sports (2. ed.). Champaign, IL: Human Kinetics.

Eifler, C. (2013). Empirische Überprüfung der Effekte verschiedener Ansätze zur Intensitätssteuerung im fitnessorientierten Krafttraining. Diplomarbeit, Universität des Saarlandes. Saarbrücken.

Fröhlich, M. (2003). Eine empirische Studie zur Methodik des Kraftausdauertrainings. Cuvillier, Göttingen.

Haupert, M. (2007). Zur Belastungsbestimmung im fitnessorientierten Krafttraining. Eine explorative Studie zur Methodik. Diplomarbeit, Universität des Saarlandes. Saarbrücken.

Müller, G., Pfinder, M., Lyssenko, L. et al. Welche Bedeutung haben psychische Leistungssteigerungen, Alter, Geschlecht und Trainingsumfang für die Wirksamkeit eines Rückentrainings?. *Schmerz,* 33, 139-146 (2019). http://doi.org/10.1007/s00482-01-0353-z

Shimano T, Kraemer WJ, Spiering BA, et al. Relationship between the number of repetitions and selected percentages of one repetition maximum in free weight exercises in trained and untrained men. *J Strength Cond Res.* 2006;20(4):819-823. doi:10.1519/R-18195.1

Stephan, A., Goebel, S., & Schmidtbleicher, D. (2011). Effekte maschinengestützten Krafttrainings in der Behandlung chronischen Rückenschmerzes. *Deutsche Zeitschrift für Sportmedizin,* 62(3), 69-74.

Wirth, K., Atzor, K. R. & Schmidtbleicher, D. (2007). Veränderungen der Muskelmasse in Abhängigkeit von Trainingshäufigkeit und Leistungsniveau. Deutsche Zeitschrift für Sportmedizin, 58 (6), 178-183.

Zimmer, M. (1999). Entwicklung und Erprobung eines Mehrwiederholungstests zur Erfassung der Kraftleistung im Fitneß-Training. Diplomarbeit, Universität des Saarlandes. Saarbrücken.

7 Abbildungs- und Tabellenverzeichnis

7.1 Tabellenverzeichnis